Das Heiltee-Kochbuch

100 nährende Rezepte für Geist, Körper und Seele. Entdecken Sie die wohltuende Wirkung hausgemachter Kräuterteemischungen

Irene Wolf

Urheberrechtliches Material ©2023

Alle Rechte vorbehalten

Ohne die entsprechende schriftliche Zustimmung des Herausgebers und Urheberrechtsinhabers darf dieses Buch in keiner Weise, Form oder Form verwendet oder verbreitet werden, mit Ausnahme kurzer Zitate in einer Rezension. Dieses Buch sollte nicht als Ersatz für medizinische, rechtliche oder andere professionelle Beratung betrachtet werden.

INHALTSVERZEICHNIS

INHALTSVERZEICHNIS 3
EINFÜHRUNG 6
1. Tee gegen Blasenentzündungen 7
2. Blues-Tee 9
3. Tee zur Bronchialverstopfung 11
4. Echinacea- und Wurzeltee 13
5. Waldwurzeltee 15
6. Tee aus Eibisch, Klette und Löwenzahnwurzeln 17
7. Angelikawurzel und Zitronenmelissentee 19
8. Schlaftee aus Beifuß und Baldrianwurzel 21
9. Hören Sie mit dem Hustentee auf 23
10. Eibischwurzeltee 25
11. Ingwer-Orangen-Eistee 27
12. Heilender Ingwertee 29
13. Moderner Kräutertee 31
14. Hopfen und Gotu-Kola-Heilmitteltee 33
15. Allergie-Saisonmischung 35
16. Aphrodite-Mischtee 37
17. Yellow Dock Blood Builder Tee 39
18. Blüten des Gesundheitstees 41
19. Brustgesundheitstee 43
20. Erkältungs- und Grippetee 45
21. Johanniskraut- und Lindenblütentee 47
22. Repose-Teemischung 49
23. Katzenminze- und Eisenkrauttee 51
24. Flashes Blend Tea 53
25. Happy Tummy Tea 55
26. Schlaflosigkeitstee 57
27. Weniger Stress-Tee 59
28. Mellow Mood Tea 61
29. Memory Zest-Mischung 63
30. Migränentee 65
31. Moon Ease Tea 67
32. Meine Nerven sind erschöpft 69
33. Natürlicher Konzentrationstee 71
34. Nelkenblüten und Kamillen-Übelkeitstee 73
35. Johanniskraut- und Baldriantee 75
36. Tee aus Hopfen, Brennnessel und Erdbeerblättern 77
37. Himbeerblätter und Katzenminze-Tee 79
38. Zitronenmelisse-Oregano-Quiet-Time-Tee 81

39. Zitronenmelissen-Entspannungstee 83
40. Beruhigender Ysop-Tee 85
41. Zitronenmelissentee gegen Nervosität 87
42. Pfefferminz-Bauchtee 89
43. Pfefferminz- und Zitronenmelissentee 91
44. Tee der weisen Frau 93
45. Kombination von Baldrian- und Helmkraut-Epilepsie 95
46. Kamillen-Sodbrennen-Tee 97
47. Gingko Biloba Memory Minder Tee 99
48. Hopfen-Baby-Schlaftee 101
49. Wort Depression Tamer Tea 103
50. Pfefferminz-Orangen-Tee 105
51. Granatapfel-Eistee 107
52. Himbeer-Basilikum-Eistee 109
53. Himbeer-Kamillen-Eistee 111
54. Himbeer-Trauben-Eistee 113
55. Himbeer-Hibiskus-Auffrischung 115
56. Prickelnder Cranberry-Eistee 117
57. Prickelnder Apfel-Eistee 119
58. Spritziger Apfeltee 121
59. Prickelnder Blaubeertee 123
60. Erdbeergrüner Tee 125
61. Erdbeer-Zitronen-Eistee 127
62. Erdbeer-Mandarinen-Tee 129
63. Sommerlicher Orangentee 131
64. Eistee mit Mandarine und Lavendel 133
65. Mandarinen-Erdbeer-Eistee 135
66. Limetten-Gurken-Eistee 137
67. Limetten-Eistee 139
68. Mango-Grüntee 141
69. Ahorn-Himbeer-Tee 143
70. Mamas Cranberry-Tee 145
71. Tropischer Eistee 147
72. Vanille- und Jasmintee 149
73. Eisgekühlter Zitrus-Sonnentee 151
74. Ingwer-Ananas-Eistee 153
75. Hibiskus- und Granatapfeltee 155
76. Jasmintee mit Mandelmilch 157
77. Rucola-Minz-Eistee 159
78. Cayenne-Tee 161
79. Malaysischer Tee 163
80. Zimt-Butterscotch-Tee 165

81. Orangen-Muskat-Tee 167
82. Saigon-Tee 169
83. Masala-Tee 171
84. Russischer Tee 173
85. Chai Kurdi 175
86. Zimt-Birne-Eistee 177
87. Nelken- und Muskatnuss-Orangentee 179
88. Kokos-Chia-Samen-Spritzer 181
89. Dillsamentee 183
90. Koriandersamentee 185
91. Heißer Lotustee 187
92. Lavendel- und Fenchelsamentee 189
93. Fenchelsamen-Karminativ-Tee 191
94. Kamillen- und Kümmel-Engelwurz-Tee 193
95. Koriandersamen-Hagebuttentee 195
96. Anissamen-Gewürz-Relief 197
97. Tee mit Kokosmilch 199
98. Heilender Zitronen-Minz-Tee 201
99. Zitrus-Sonnentee 203
100. Epazote-Tee 205

ABSCHLUSS **207**

EINFÜHRUNG

Willkommen beim Das Heiltee-Kochbuch, einer Sammlung von Rezepten und Weisheiten zur Verwendung von Kräutern und Pflanzenstoffen zur Herstellung nährender und verjüngender Teemischungen. Auf diesen Seiten finden Sie verschiedene Rezepte für verschiedene Teesorten, von beruhigender Kamille bis hin zu belebendem Ingwer. Doch in diesem Kochbuch geht es um mehr als nur Rezepte. Es geht um die Kraft des Tees, unseren Körper und Geist zu heilen und wiederherzustellen.

Im Laufe der Geschichte haben sich die Menschen dem Tee als Quelle des Trostes und der Heilung zugewandt. Ob eine wohltuende Tasse Kamillentee vor dem Schlafengehen oder ein heißer Ingwertee zur Linderung von Halsschmerzen – Tee sorgt dafür, dass wir uns besser fühlen. Und mit der richtigen Kombination von Kräutern und Gewürzen kann Tee noch stärkere Heilkräfte haben.

In diesem Kochbuch erfahren Sie mehr über die verschiedenen Arten von Kräutern und Pflanzenstoffen, die zur Herstellung heilender Teemischungen verwendet werden können, sowie über die spezifischen gesundheitlichen Vorteile jeder Zutat. Von immunstärkendem Echinacea bis hin zu stressreduzierendem Ashwagandha entdecken Sie die Heilkraft von Pflanzen und wie sie Ihre allgemeine Gesundheit und Ihr Wohlbefinden unterstützen können.

Ganz gleich, ob Sie nach einer wohltuenden Tasse Tee suchen, die Ihnen nach einem langen Tag hilft, sich zu entspannen, oder nach einer kraftvollen Mischung zur Unterstützung Ihres Immunsystems während der Erkältungs- und Grippesaison, das „Healing Tea Cookbook" hat genau das Richtige für Sie. Lassen Sie uns einen Kelch auf Ihre Gesundheit und Ihr Glück erheben!

1. Tee gegen Blasenentzündungen

MACHT: 2

ZUTATEN
- 1 ½ Unzen getrocknete Goldrute
- 1/4 Unze Wacholderbeeren
- ¾ Unze gehackte Löwenzahnwurzel
- ¾ Unze gehackte Hagebutten

ANWEISUNGEN:
- ☑ Gießen Sie 1 Tasse kochendes Wasser über 2 Teelöffel der Mischung.
- ☑ 10 Minuten ziehen lassen und abseihen.
- ☑ Trinken Sie eine Tasse.

2. Blues-Tee

MACHT: 2

ZUTATEN
- 1 Teil Brennnesselblätter,
- 1-teilige Johanniskrautspitzen
- 2 Teile grüne Minze
- 1 Teil Damianablätter
- 1 Teil Kava-Kava-Wurzel
- eine kleine Prise Stevia

ANWEISUNGEN:
- ☑ Geben Sie alle Kräuter in einen Teebeutel, geben Sie ihn in eine Tasse und bedecken Sie ihn mit kochendem Wasser.
- ☑ 10 Minuten ziehen lassen.
- ☑ Entfernen Sie den Teebeutel und fügen Sie Ihren Süßstoff hinzu.

3. Tee zur Bronchialverstopfung

MACHT: 2

ZUTATEN
- 1 ½ Unzen Anis
- 1 Unze Ringelblumenblüten
- 3/4 Unzen Eibischwurzel
- 1/3 Unze Süßholzwurzel

ANWEISUNGEN:
- ☑ Anissamen zerstoßen und zu den Kräutern geben.
- ☑ Gießen Sie 1 Tasse kochendes Wasser über 1 Teelöffel der Mischung.
- ☑ Abdecken und 10 Minuten ziehen lassen.

4. Echinacea- und Wurzeltee

MACHT: 2

ZUTATEN
- 1 Teil Echinacea purpurea-Wurzel
- 1-teiliger Pau d'arco
- 1 Teil rohe Löwenzahnwurzel, geröstet
- 1 Teil Sarsaparillarinde
- 1 Teil Zimtrinde
- 1 Teil Ingwerwurzel
- 1 Teil Klettenwurzeln
- 1 Teil Sassafras-Rinde
- eine Prise Stevia

ANWEISUNGEN:
- ☑ Geben Sie alle Kräuter in einen Teebeutel, geben Sie ihn in eine Tasse und bedecken Sie ihn mit kochendem Wasser.
- ☑ 10 Minuten ziehen lassen.
- ☑ Entfernen Sie den Teebeutel und fügen Sie Ihren Süßstoff hinzu.

5. Waldwurzeltee

MACHT: 2

ZUTATEN
- 1 Teil Echinacea purpurea
- 1-teiliger Alant
- 1 Teil Ingwer
- Je 1 Teil Pleuritis und Süßholzwurzeln
- 1 Teil weiße Eichenrinde
- 1 Teil Zimtrinde
- Je 1 Teil Orangenschale und Fenchelsamen

ANWEISUNGEN:
- ☑ Geben Sie alle Kräuter in einen Teebeutel.
- ☑ In einen Becher geben und mit kochendem Wasser bedecken.
- ☑ 10 Minuten ziehen lassen.
- ☑ Entfernen Sie den Teebeutel und fügen Sie Ihren Süßstoff hinzu.

6. Tee aus Eibisch, Klette und Löwenzahnwurzeln

MACHT: 2

ZUTATEN
- 1 Teil Sibirischer Ginseng
- 1 Teil Löwenzahnwurzel
- 1 Teil Brennnessel
- Je 1 Teil Eibisch und Klettenwurzeln
- Je 1 Teil Weißdorn- und Sägepalmenbeeren
- 1 Teil Fenchelsamen
- 1 Teil Wildhafer
- eine Prise Stevia

ANWEISUNGEN:
- ☑ Geben Sie alle Kräuter in einen Teebeutel, geben Sie ihn in eine Tasse und bedecken Sie ihn mit kochendem Wasser.
- ☑ 10 Minuten ziehen lassen.
- ☑ Entfernen Sie den Teebeutel und fügen Sie Ihren Süßstoff hinzu.

7. Angelikawurzel und Zitronenmelissentee

MACHT: 1

ZUTATEN
- 1 Teelöffel Angelikawurzel
- 2 Teelöffel Zitronenmelissenblätter
- ½ Teelöffel Fenchelsamen

ANWEISUNGEN:
- ☑ Angelikawurzel in 4 Tassen Wasser zum Kochen bringen.
- ☑ Schalten Sie den Herd aus und fügen Sie Zitronenmelisse und Zitrone hinzu.
- ☑ 10 Minuten ziehen lassen und abseihen.

8. Schlaftee aus Beifuß und Baldrianwurzel

MACHT: 2

ZUTATEN
- 2 Esslöffel Hopfen
- 1 Teelöffel Lavendel
- 1 Teelöffel Rosmarin
- 1 Teelöffel Thymian
- 1 Teelöffel Beifuß
- 1 Teelöffel Salbei
- 1 Prise Baldrianwurzel

ANWEISUNGEN:
- ☑ Nehmen Sie einen Teelöffel der Mischung und gießen Sie ihn in 1 Tasse heißes Wasser.
- ☑ 3 Minuten ruhen lassen und dann abseihen.

9. Hören Sie auf mit dem Hustentee

MACHT: 2

ZUTATEN
- 1 Esslöffel Slippery Ulme
- 1 Esslöffel Königskerze
- 1 Esslöffel Katzenminze
- 1 Esslöffel Süßholzwurzelrinde

ANWEISUNGEN:
- ☑ Kochen Sie die Rinde zunächst 10 Minuten lang in zwei Tassen Wasser.
- ☑ Geben Sie die restlichen Kräuter in einen Kaffeefilter und stellen Sie den Filter in ein Sieb.
- ☑ Den Lakritze-Tee durch das Sieb in eine Tasse abseihen und trinken.
- ☑ Honig und Zitrone können hinzugefügt werden.

10.Marshmallow-Wurzel-Tee

MACHT: 2

ZUTATEN:
- 3 Teile Bio-Eibischwurzel
- 2 Teile Bio-Rosenknospen
- 2 Teile Bio-Vana-Basilikum
- 1 Teil Bio-Cassia-Zimtpulver

ANWEISUNGEN:
- ☑ Alle Kräuter in einer Schüssel vermischen.
- ☑ Wasser zum Kochen bringen.
- ☑ Geben Sie die Mischung in ein Teesieb.
- ☑ Die Teemischung mit Wasser übergießen, abdecken und 10 Minuten ziehen lassen
- ☑ Verwenden Sie 1/4 Tasse Teemischung für jede aufgebrühte Tasse.

11. Ingwer-Orangen-Eistee

MACHT: 8 PORTIONEN

ZUTATEN:
- 1/2 Tasse Honig
- 1/2 Zitrone, entsaftet
- 1 Zoll Ingwerwurzel, geschält und geschnitten
- 4 Orangen-Teebeutel
- 4 Teebeutel
- 6 Tassen kochendes Wasser
- Kaltes Wasser, je nach Bedarf

ANWEISUNGEN:
- ☑ Geben Sie Teebeutel und kochendes Wasser in ein Glas. dann etwa eine halbe Stunde ziehen lassen.
- ☑ Nehmen Sie die Teebeutel heraus und mischen Sie die restlichen Zutaten unter.
- ☑ Gekühlt auf Eis servieren.

12. Heilender Ingwertee

MACHT: 2

ZUTATEN
- 2 Tassen Wasser
- 4 Esslöffel Ingwerwurzel, gerieben

ANWEISUNGEN:
- ☑ In einen Topf mit Deckel geben, zum Kochen bringen, den Herd ausschalten und zwei Stunden ruhen lassen.
- ☑ Erhitzen Sie den Tee erneut, seihen Sie das Kraut aus dem Tee ab und trinken Sie ihn.

13. Moderner Kräutertee

MACHT: 2

ZUTATEN
- 1 Teil Rotkleeblüten
- 1 Teil Brennnesselblätter
- 1-teiliger Pau d'Arco
- 1 Teil Luzerne und Salbeiblätter
- 1-teilige Johanniskrautspitzen
- 1 Teil Ingwerwurzel

ANWEISUNGEN:
- ☑ Geben Sie alle Kräuter in einen Teebeutel.
- ☑ In einen Becher geben und mit kochendem Wasser bedecken.
- ☑ 10 Minuten ziehen lassen.
- ☑ Entfernen Sie den Teebeutel und fügen Sie Ihren Süßstoff hinzu.

14. Hopfen und Gotu Kola Remedy Tee

MACHT: 2

ZUTATEN
- 1 Teelöffel Hopfen
- 1 Teelöffel Gotu Kola

ANWEISUNGEN:
- ☑ 1 1/2 Tassen Wasser zum Kochen bringen.
- ☑ Legen Sie die Kräuter hinein.
- ☑ Einen Deckel fest auflegen und 5 Minuten ziehen lassen.
- ☑ Zweimal täglich trinken.

15. Allergie-Saisonmischung

MACHT: 2

ZUTATEN
- 1 Teil Brennnessel
- 1 Teil Pfefferminze
- 1 Teil grüne Minze
- 1 Teil Yerba Santa
- 1-teiliger Augentrost
- 1 Zitronengrasblätter tupfen
- 1 Teil Ringelblume
- 1 Teil Rotklee
- 1 Teil Lavendelblüten
- 1 Teil Fenchelsamen
- eine Prise Stevia

ANWEISUNGEN:
- ☑ Geben Sie alle Kräuter in einen Teebeutel.
- ☑ In einen Becher geben und mit kochendem Wasser bedecken.
- ☑ 10 Minuten ziehen lassen.
- ☑ Entfernen Sie den Teebeutel und fügen Sie Ihren Süßstoff hinzu.

16. Aphrodite-Mischtee

MACHT: 2

ZUTATEN
- 1 Teil Damianablätter
- 1 Teil Rosenblütenblätter
- 1 Teil Pfefferminzblätter
- 1 Teil Muira Puama
- 1 Teil Gingkoblätter
- 1 Teil Orangenschale
- 1 Teil Zimtrindenchips
- Prise Stevia.

ANWEISUNGEN:
- ☑ Geben Sie alle Kräuter in einen Teebeutel.
- ☑ In einen Becher geben und mit kochendem Wasser bedecken.
- ☑ 10 Minuten ziehen lassen.
- ☑ Entfernen Sie den Teebeutel und fügen Sie Ihren Süßstoff hinzu.

17. Yellow Dock Blood Builder Tee

MACHT: 3 TASSEN

ZUTATEN
- 1 Teelöffel Hagebutten zerkleinert
- 1 Teelöffel Metzgerbesen
- 1 Teelöffel Yellow Dock

ANWEISUNGEN:
- ☑ 3 1/2 Tassen Wasser zum Kochen bringen.
- ☑ Wasser vom Herd nehmen und Kräuter hinzufügen.
- ☑ Setzen Sie einen dichten Deckel auf den Topf.
- ☑ Lassen Sie die Mischung fünf bis zehn Minuten ziehen.
- ☑ Trinken Sie dreimal täglich eine Tasse.

18. Blüten des Gesundheitstees

MACHT: 2

ZUTATEN
- 1 Teil Ginkgoblätter
- 1-teilige Rotkleeblätter
- 1 Teil Brennnesselblätter
- 1 Teil Wiesensüßblätter
- 2-teilige Ringelblume
- 2 Teile Kamille
- 2 Teile Lavendelblüten
- 1 Teil Gotu-Kola-Blätter
- eine Prise Stevia.

ANWEISUNGEN:
- ☑ Geben Sie alle Kräuter in einen Teebeutel.
- ☑ In einen Becher geben und mit kochendem Wasser bedecken.
- ☑ 10 Minuten ziehen lassen.
- ☑ Entfernen Sie den Teebeutel und fügen Sie Ihren Süßstoff hinzu.

19. Brustgesundheitstee

MACHT: 2

ZUTATEN
- 2-teilige Ringelblume
- 2 Teile Rotklee
- 1-teilige Hackmesser
- 1-teiliger Frauenmantel
- Grüne Minze oder Pfefferminze

ANWEISUNGEN:
- ☑ Über Nacht in 4 Tassen Wasser ziehen lassen.
- ☑ Trinken Sie täglich 4 Tassen.

20.Erkältungs- und Grippetee

MACHT: 2

ZUTATEN
- 1 Unze Brombeerblätter
- 1 Unze Holunderblüten
- 1 Unze Lindenblüten
- 1 Unze Pfefferminzblätter

ANWEISUNGEN:
- ☑ Gießen Sie 1 Tasse kochendes Wasser über 2 Esslöffel der Mischung.
- ☑ Abdecken und 10 Minuten ziehen lassen; Beanspruchung.

21.Johanniskraut- und Lindenblütentee

MACHT: 2

ZUTATEN
- 1/3 Unze Johanniskraut
- 2/3 Unzen Thymian
- 2/3 Unzen Lindenblüten

ANWEISUNGEN:
- ☑ 7 Minuten in 1 Tasse heißem Wasser ziehen lassen und dann abseihen.
- ☑ Bei Bedarf süßen.

22.Repose-Teemischung

MACHT: 2

ZUTATEN
- 1-teilige Rosen
- 1 Teil Lavendelblüten
- 1 Teil Zitronenverbeneblätter
- 1 Teil Kamillenblüten
- Je 1 Teil Pfefferminz- und Krauseminzblätter
- 1 Teil blaue Malvenblüten
- Prise Stevia

ANWEISUNGEN:
- ☑ Geben Sie alle Kräuter in einen Teebeutel.
- ☑ In einen Becher geben und mit kochendem Wasser bedecken.
- ☑ 10 Minuten ziehen lassen.
- ☑ Entfernen Sie den Teebeutel und fügen Sie Ihren Süßstoff hinzu.

23. Katzenminze- und Eisenkrauttee

MACHT: 1

ZUTATEN
- 1 Teelöffel getrocknete Katzenminze
- 1 Teelöffel trockenes Eisenkraut

ANWEISUNGEN:
- ☑ Gießen Sie 2 Tassen kochendes Wasser über die Kräuter.
- ☑ 10 Minuten ziehen lassen und abseihen.

24.Blitztee-Mischung

MACHT: 2

ZUTATEN
- 1 Teil Salbei
- 1-teiliges Mutterkraut
- 1 Teil Löwenzahn
- 1 Teil Vogelmiere und Veilchenblätter
- Je 1 Teil Holunderblüten und Haferstroh

ANWEISUNGEN:
- ☑ Geben Sie alle Kräuter in einen Teebeutel.
- ☑ In einen Becher geben und mit kochendem Wasser bedecken.
- ☑ 10 Minuten ziehen lassen.
- ☑ Entfernen Sie den Teebeutel und fügen Sie Ihren Süßstoff hinzu.

25.Glücklicher Bauchtee

MACHT: 2

ZUTATEN
- 1 Teil Katzenminze
- 1 Teil grüne Minze und Zitronengrasblätter
- 1 Teil Ringelblumenblüten
- 1-teilige Schädeldecke
- 1 Teil Rosmarin- und Salbeiblätter
- 1 Teil Fenchelsamen

ANWEISUNGEN:
- ☑ Geben Sie alle Kräuter in einen Teebeutel.
- ☑ In einen Becher geben und mit kochendem Wasser bedecken.
- ☑ 10 Minuten ziehen lassen.
- ☑ Entfernen Sie den Teebeutel und fügen Sie Ihren Süßstoff hinzu.

26.Schlaflosigkeitstee

MACHT: 2

ZUTATEN
- 1 ½ Unzen getrocknete Eisenkrautblätter
- 1 Unze Kamille
- ½ Unzen grüne Minze

ANWEISUNGEN:
- ☑ Alles vermischen und in 1 Tasse kochendes Wasser geben.
- ☑ 8 Minuten ziehen lassen; Beanspruchung.

27.Weniger Stress-Tee

MACHT: 2

ZUTATEN
- 1 Teil Kamille
- 1 Teil Minze
- 1 Teil Ringelblumenblüten

ANWEISUNGEN:
- ☑ Geben Sie alle Kräuter in einen Teebeutel.
- ☑ In einen Becher geben und mit kochendem Wasser bedecken.
- ☑ 10 Minuten ziehen lassen.
- ☑ Entfernen Sie den Teebeutel und fügen Sie Ihren Süßstoff hinzu.

28.Sanfter Stimmungstee

MACHT: 4

ZUTATEN
- 1 Teelöffel Kamillenblüten
- 1 Teelöffel Lavendelspitzen
- 1 Teelöffel Kavablätter
- 1 Teelöffel Zitronenmelissenblätter
- 1 Teelöffel Majoran
- 1 Sprühstoß Baldrianblüten
- 4 Tassen abgekochtes Wasser

ANWEISUNGEN:
- ☑ In einem Topf alles mit kochendem Wasser übergießen.
- ☑ Das Pflanzenmaterial abseihen.
- ☑ Trinken Sie den Tee heiß oder kühl.

29.Memory Zest-Mischung

MACHT: 2

ZUTATEN
- 1 Teil Ginkgo
- 1 Teil Gotu Kola und Pfefferminzblätter
- 1-teilige Rotkleeblätter
- 1 Teil Rosmarinblätter
- 1 Teil Ingwerwurzel
- eine Prise Stevia.

ANWEISUNGEN:
- ☑ Geben Sie alle Kräuter in einen Teebeutel.
- ☑ In einen Becher geben und mit kochendem Wasser bedecken.
- ☑ 10 Minuten ziehen lassen.
- ☑ Entfernen Sie den Teebeutel und fügen Sie Ihren Süßstoff hinzu.

30.Migränentee

MACHT: 2

ZUTATEN
- 1 2/3 Unzen getrocknetes Johanniskraut
- 1 Unze Baldrian
- 1 Unze Lindenblüten
- 1/4 Unze Wacholderbeeren

ANWEISUNGEN:
- ☑ 10 Minuten in 1 Tasse heißem Wasser ziehen lassen.
- ☑ Abseihen und servieren.

31. Moon Ease Tee

MACHT: 2

ZUTATEN
- 2-teiliges Crampbark
- 1 Teil Mönchspfefferbeeren
- Je 1 Teil der grünen Minze und der Helmkrautblätter
- 1 Teil Eibischwurzel
- 1 Teil Passionsblumenkraut
- 1 Teil Ingwerwurzel

ANWEISUNGEN:
- ☑ Geben Sie alle Kräuter in einen Teebeutel.
- ☑ In einen Becher geben und mit kochendem Wasser bedecken.
- ☑ 10 Minuten ziehen lassen.
- ☑ Entfernen Sie den Teebeutel und fügen Sie Ihren Süßstoff hinzu.

32. Meine Nerven sind erschöpft

MACHT: 2

ZUTATEN
- 2 Teile Kamille
- 1-teiliger Jasmin
- 1 Teil Hopfen
- 1 Teil Lavendel
- 1-teiliger Yerba Santa
- 1-teiliger Gota Kola
- 1 Teil Johanniskraut

ANWEISUNGEN:
- ☑ Geben Sie alle Kräuter in einen Teebeutel, geben Sie ihn in Ihre schönste Tasse und bedecken Sie ihn mit kochendem Wasser.
- ☑ 10 Minuten ziehen lassen.
- ☑ Entfernen Sie den Teebeutel und fügen Sie Ihren Süßstoff hinzu.

33. Natürlicher Konzentrationstee

MACHT: 2

ZUTATEN
- 1 Teil Calendula
- 1 Teil Minze,
- 1 Teil Salbeiblüten
- 1 Teil Schafgarbenblätter

ANWEISUNGEN:
- ☑ Geben Sie alle Kräuter in einen Teebeutel.
- ☑ In einen Becher geben und mit kochendem Wasser bedecken.
- ☑ 10 Minuten ziehen lassen.
- ☑ Entfernen Sie den Teebeutel und fügen Sie Ihren Süßstoff hinzu.

34.Nelkenblüten und Kamillen-Übelkeitstee

MACHT: 2

ZUTATEN
- ½ Teelöffel getrocknete Ingwerwurzel
- ½ Teelöffel Nelkenblüten
- 1 Teelöffel Kamillenblüten

ANWEISUNGEN:
- ☑ Gießen Sie 1 Tasse kochendes Wasser über die Kräuter.
- ☑ 10 Minuten ziehen lassen, abseihen und abkühlen lassen.

35. Johanniskraut- und Baldriantee

MACHT: 2

ZUTATEN
- 1 1/3 Unzen Johanniskraut
- 1 Unze Zitronenmelissenblätter
- 1 Unze Baldrian

ANWEISUNGEN:
- ☑ 10 Minuten in 1 Tasse heißem Wasser ziehen lassen.
- ☑ Abseihen und bei Bedarf süßen.
- ☑ Vor dem Schlafengehen trinken.

36.Tee aus Hopfen, Brennnessel und Erdbeerblättern

MACHT: 4

ZUTATEN
- 4 Tassen kochendes Wasser
- 1 Teelöffel getrockneter Hopfen
- 1 Teelöffel Brennnessel
- 1 Teelöffel frische Rosenblätter
- 1 Teelöffel getrocknete Erdbeerblätter
- 1 Teelöffel frische Walnussblätter
- 3 Esslöffel getrocknete Salbeiblätter

ANWEISUNGEN:
- ☑ Alle Zutaten vermischen, abdecken und eine Stunde ziehen lassen.
- ☑ Abseihen und mit Honig süßen.

37. Himbeerblätter und Katzenminze-Tee

MACHT: 2

ZUTATEN
- 1 Teil Himbeerblätter
- 1 Teil Katzenminze
- Je 1 Teil der grünen Minze und der Helmkrautblätter
- 1 Teil Ringelblumenblüten
- eine Prise Stevia

ANWEISUNGEN:
- ☑ Geben Sie alle Kräuter in einen Teebeutel, geben Sie ihn in eine Tasse und bedecken Sie ihn mit kochendem Wasser.
- ☑ 10 Minuten ziehen lassen. Entfernen Sie den Teebeutel und fügen Sie Ihren Süßstoff hinzu.

38.Zitronenmelisse-Oregano-Quiet-Time-Tee

MACHT: 2

ZUTATEN
- 1 Teil Oregano
- 2 Teile Kamille
- 1 Teil Zitronenmelisse
- 1 Teil Zitronenthymian

ANWEISUNGEN:
- ☑ Geben Sie alle Kräuter in einen Teebeutel.
- ☑ In einen Becher geben und mit kochendem Wasser bedecken.
- ☑ 10 Minuten ziehen lassen.
- ☑ Entfernen Sie den Teebeutel und fügen Sie Ihren Süßstoff hinzu.

39.Zitronenmelisse-Entspannungstee

MACHT: 2

ZUTATEN
- 2 Teile Kamille
- 1 Teil Zitronenmelisse
- 1 Teil Zitronenschale
- 1 Teil Thymian

ANWEISUNGEN:
- ☑ Geben Sie alle Kräuter in einen Teebeutel.
- ☑ In einen Becher geben und mit kochendem Wasser bedecken.
- ☑ 10 Minuten ziehen lassen.
- ☑ Entfernen Sie den Teebeutel und fügen Sie Ihren Süßstoff hinzu.

40.Beruhigender Ysop-Tee

MACHT: 2

ZUTATEN
- 1 Teil Minze
- 1-teiliger Ysop
- 1 Teil Oregano
- 1 Teil Petersilie
- 1 Teil Zitronenmelisse

ANWEISUNGEN:
- ☑ Geben Sie alle Kräuter in einen Teebeutel.
- ☑ In einen Becher geben und mit kochendem Wasser bedecken.
- ☑ 10 Minuten ziehen lassen.
- ☑ Entfernen Sie den Teebeutel und fügen Sie Ihren Süßstoff hinzu.

41.Zitronenmelissentee gegen Nervosität

MACHT: 2

ZUTATEN
- 1 ½ Unzen Pfefferminzblätter
- 1 ½ Unze Zitronenmelissenblätter

ANWEISUNGEN:
- ☑ 10 Minuten in 1 Tasse heißem Wasser ziehen lassen und abseihen.

42.Pfefferminz-Bauchtee

MACHT: 2

ZUTATEN
- 1 Tasse getrocknete Pfefferminze
- 1 Esslöffel getrockneter Rosmarin
- 1 Teelöffel getrockneter Salbei

ANWEISUNGEN:
- ☑ Zutaten zerstoßen und gut vermischen.
- ☑ 1 gehäuften Teelöffel in einer Tasse kochendem Wasser 1 Minute lang ziehen lassen.
- ☑ Mit Honig süßen.

43. Pfefferminz- und Zitronenmelissentee

MACHT: 1

ZUTATEN
- 8 Unzen Pfefferminzblätter
- 8 Unzen Zitronenmelissenblätter
- 8 Unzen Fenchelsamen

ANWEISUNGEN:
- ☑ 10 Minuten in 1 Tasse heißem Wasser ziehen lassen; Beanspruchung.

44. Tee der weisen Frau

MACHT: 2

ZUTATEN
- 1-teiliges Mutterkraut
- 1 Teil Salbei
- 1 Teil Brennnesselblätter
- Je 1 Teil Zitronenmelisse und Beifußblätter
- 1 Teil Mönchspfefferbeeren
- 1 Teil Schachtelhalm

ANWEISUNGEN:
- ☑ Geben Sie alle Kräuter in einen Teebeutel.
- ☑ In einen Becher geben und mit kochendem Wasser bedecken.
- ☑ 10 Minuten ziehen lassen.
- ☑ Entfernen Sie den Teebeutel und fügen Sie Ihren Süßstoff hinzu.

45. Baldrian- und Helmkraut-Epilepsie-Kombination

MACHT: 1

ZUTATEN
- 1 Teelöffel Baldrian
- 1 Teelöffel Helmkraut
- 1 Teelöffel Hopfen

ANWEISUNGEN:
- ☑ Bringen Sie Wasser zum Sieden und fügen Sie Kräuter hinzu.
- ☑ Den Topf mit einem Deckel abdecken und 5 Minuten ziehen lassen.

46. Kamillen-Sodbrennen-Tee

MACHT: 2

ZUTATEN
- 1 Esslöffel Kamille
- 1 Esslöffel Pfefferminze
- 2 Schoten Sternanis

ANWEISUNGEN:
- ☑ Kochen Sie die Schoten 5 Minuten lang und ziehen Sie die Kamille und die Pfefferminze in den Anis-Tee.
- ☑ Trinken Sie zwei Stunden lang vor dem Schlafengehen jede Stunde eine Tasse.

47. Gingko Biloba Memory Minder Tee

MACHT: 2

ZUTATEN
- 1 Teelöffel Gingko Biloba
- 1 Teelöffel Panax Ginseng
- 1 Teelöffel Pfefferminze

ANWEISUNGEN:
- ☑ Bringen Sie zwei Tassen Wasser zum Kochen.
- ☑ Geben Sie die Kräuter hinzu und schließen Sie den Topf fünf bis zehn Minuten lang fest ab.
- ☑ Nehmen Sie morgens eine Tasse und gegen Mittag eine Tasse.

48.Hopfen-Baby-Schlaftee

MACHT: 2

ZUTATEN
- 1 Teelöffel Hopfen
- 1 Teelöffel Kamille

ANWEISUNGEN:
- ☑ 4 Tassen Wasser in einen Glas- oder Porzellantopf geben und zum Kochen bringen. '
- ☑ Den Topf vom Herd nehmen und die Kräuter hinzufügen.
- ☑ Setzen Sie einen festen Deckel auf den Topf und lassen Sie ihn fünf Minuten lang ziehen.
- ☑ Kräuter abseihen.
- ☑ In eine Glasflasche füllen.

49. Tee zur Linderung von Würzedepressionen

MACHT: 1

ZUTATEN
- 1 Teelöffel Johanniskraut
- 1 Teelöffel Gingko Biloba

ANWEISUNGEN:
- ☑ 1 Tasse Wasser in einen Glas- oder Porzellantopf geben und zum Kochen bringen.
- ☑ Den Topf vom Herd nehmen und die Kräuter hinzufügen.
- ☑ Setzen Sie einen festen Deckel auf den Topf und lassen Sie ihn fünf Minuten lang ziehen. Kräuter abseihen.
- ☑ In eine Tasse geben und mit Honig süßen.

50. Pfefferminz-Orangen-Tee

MACHT: 8 PORTIONEN
ZUTATEN:
- 1 Blutorange, geschält und segmentiert
- 1 Pfefferminzteebeutel
- 4 Tassen Wasser
- 1/4 Tasse gefrorenes Limonadenkonzentrat
- 6 Teebeutel nach Wahl

ANWEISUNGEN:
- ☑ Bringen Sie das Wasser zum Sieden.
- ☑ In Orangen- und Teebeutel füllen.
- ☑ Lassen Sie es eine halbe bis eine Stunde lang langsam ziehen.
- ☑ Nehmen Sie den Teebeutel heraus und mischen Sie das Limonadenkonzentrat hinein.
- ☑ Gekühlt trinken.

51.Granatapfel-Eistee

MACHT: 10 PORTIONEN

ZUTATEN:
- 1/2 Granatapfel
- 2 Esslöffel Honig
- 4 Tassen kochendes Wasser
- 6 Teebeutel

ANWEISUNGEN:
- ☑ Gießen Sie kochendes Wasser über die Teebeutel in eine Teekanne.
- ☑ Abdecken und etwa fünf Minuten ziehen lassen.
- ☑ Granatapfel und Honig dazugeben und verrühren, bis alles vermischt ist.
- ☑ In ein mit Eis gefülltes Glas gießen.

52.Himbeer-Basilikum-Eistee

MACHT: 8 PORTIONEN

ZUTATEN:
- 1 Tasse frische Basilikumblätter
- 1 Tasse Wasser
- 1 Pfund Himbeeren
- 1/4 Tasse Agavennektar
- 8 Teebeutel
- Eiswürfel zum Servieren

ANWEISUNGEN:
- ☑ Bringen Sie 6 Tassen Wasser in einer Pfanne zum Kochen.
- ☑ Vom Herd nehmen, in Teebeutel füllen und fünf bis zehn Minuten ziehen lassen.
- ☑ Himbeeren in einen Behälter geben. Bringen Sie 1 Tasse Wasser zum Kochen.
- ☑ Schalten Sie die Hitze aus und geben Sie Agavennektar und Basilikum hinein.
- ☑ Zehn bis zwölf Minuten ziehen lassen.
- ☑ Über die Himbeeren gießen und die Basilikumblätter entfernen. Abkühlen lassen; In den vorbereiteten Tee geben.
- ☑ Bis zum Abkühlen in den Kühlschrank stellen und auf Eiswürfeln servieren.

53. Himbeer-Kamillen-Eistee

MACHT: 6 PORTIONEN

ZUTATEN:
- 1 Pint frische Himbeeren
- 1 Vanilleschote, der Länge nach aufschneiden
- 6 Beutel Kamillentee
- 6 Tassen kochendes Wasser

ANWEISUNGEN:
- ☑ Geben Sie Teebeutel und Vanilleschote in einen Krug.
- ☑ In kochendes Wasser geben und etwa fünf Minuten ziehen lassen.
- ☑ Nehmen Sie die Teebeutel heraus.
- ☑ Himbeeren im Mixer pürieren und sieben, um die Kerne zu entfernen.
- ☑ Geben Sie das Himbeerpüree in Ihren Tee.
- ☑ Gekühlt servieren.

54. Himbeer-Trauben-Eistee

MACHT: 8 PORTIONEN
ZUTATEN:
- 16-Unzen-Flasche Orangensaftgetränk, gekühlt
- 1 Tasse Himbeeren
- 1 Limette, geschnitten
- 2 Teebeutel in Familiengröße
- 3 Tassen Traubensaft
- 4 Tassen Wasser

ANWEISUNGEN:
- ☑ Verarbeiten Sie Himbeeren in Ihrer Küchenmaschine.
- ☑ Himbeerpüree durch ein feines Sieb gießen.
- ☑ Bringen Sie 4 Tassen Wasser in einem Kochtopf zum Kochen.
- ☑ Den Herd ausschalten und in Teebeutel füllen.
- ☑ Etwa fünf Minuten ziehen lassen.
- ☑ Befreien Sie sich von Teebeuteln.
- ☑ In Himbeerpüree, Traubensaft, Limette und ein Orangengetränk geben. Gut umrühren.
- ☑ Abdecken und über Nacht kalt stellen. Gekühlt servieren.

55.Auffrischung mit Himbeer-Hibiskus

MACHT: 8 PORTIONEN

ZUTATEN:
- 1/2 Tasse Agavennektar
- 2 Tassen prickelnder Apfelwein, gekühlt
- 4 Tassen kochendes Wasser
- 8 Hibiskus-Teebeutel

ANWEISUNGEN:
- ☑ Teebeutel mit kochendem Wasser übergießen. etwa zehn Minuten ziehen lassen.
- ☑ Werde die Teebeutel los.
- ☑ Agavennektar untermischen.
- ☑ Bis zum Servieren kalt stellen.
- ☑ Gießen Sie prickelnden Apfelwein hinein; Auf Eiswürfeln servieren.

56.Prickelnder Cranberry-Eistee

MACHT: 12 PORTIONEN

ZUTATEN:
- 4 Tassen Wasser
- 2 Teebeutel
- 3 Tassen frischer Cranberrysaft
- 4 Tassen Mineralwasser
- Orangenschalenstreifen zum Garnieren
- 1/2 Tasse Ahornsirup

ANWEISUNGEN:
- ☑ Bringen Sie 4 Tassen Wasser zum Kochen.
- ☑ In Ahornsirup geben und regelmäßig umrühren, bis er sich aufgelöst hat.
- ☑ Ahornwasser über die Teebeutel gießen.
- ☑ Lassen Sie es etwa fünf Minuten ziehen.
- ☑ Befreien Sie sich von den Teebeuteln.
- ☑ Geben Sie sie in Preiselbeersaft und lassen Sie sie abkühlen.
- ☑ Mit Sprudelwasser aufgießen, auf Serviergläser verteilen und mit Orangenschale garnieren.

57.Spritziger Apfel-Eistee

MACHT: 6 PORTIONEN

ZUTATEN:
- 1 Tasse kochendes Wasser
- 1/4 Tasse Mineralwasser
- 2 grüne Teebeutel
- 3 Zweige Minze
- 3/4 Tasse Apfelsaft Eiswürfel

ANWEISUNGEN:
- ☑ Lassen Sie die Teebeutel etwa fünf Minuten lang in kochendem Wasser einweichen.
- ☑ Nehmen Sie die Teebeutel heraus.
- ☑ Geben Sie die restlichen Zutaten hinein. Gekühlt servieren.

58. Spritziger Apfeltee

MACHT: 12 PORTIONEN

ZUTATEN:
- 1/2 Tasse Honig
- 3 Tassen frischer Apfelsaft
- 4 Tassen kochendes Wasser
- 4 Tassen Mineralwasser
- 4 Teebeutel
- Apfelscheiben zum Garnieren

ANWEISUNGEN:
- ☑ Kochendes Wasser mit Teebeuteln vermischen. Lassen Sie es einige Minuten ziehen.
- ☑ Entfernen Sie die Teebeutel und mischen Sie Honig und Apfelsaft hinein.
- ☑ Legen Sie es in kohlensäurehaltiges Wasser.
- ☑ Mit Apfelscheiben garniert servieren.

59.Prickelnder Blaubeertee

MACHT: 6 PORTIONEN

ZUTATEN:
- 1/2 Tasse Agavennektar
- 3 Tassen Blaubeersaft
- 4 Tassen Mineralwasser
- 6 Tassen kochendes Wasser
- 6 grüne Teebeutel

ANWEISUNGEN:
- ☑ Teebeutel mit kochendem Wasser übergießen.
- ☑ Lassen Sie es fünf bis zehn Minuten ziehen.
- ☑ Teebeutel loswerden; Legen Sie sie in Agavendicksaft und Blaubeersaft.
- ☑ Rühren, bis alles vermischt ist, und zum Abkühlen in den Kühlschrank stellen.
- ☑ In kohlensäurehaltiges Wasser geben.
- ☑ Gekühlt servieren.

60. Erdbeergrüner Tee

MACHT: 6 PORTIONEN

ZUTATEN:
- 1 Tasse frische Erdbeeren
- 1/4 Tasse Zitronensaft
- 4 Beutel grüner Tee
- 4 Tassen kochendes Wasser

ANWEISUNGEN:
- ☑ Gießen Sie kochendes Wasser über die Teebeutel in einen Krug.
- ☑ Etwa fünf Minuten einwirken lassen.
- ☑ Nehmen Sie die Teebeutel heraus.
- ☑ In Zitronensaft geben und zum Abkühlen in den Kühlschrank stellen.
- ☑ Erdbeeren in einer Küchenmaschine oder einem Mixer pürieren.
- ☑ Siebe sie, um die Erdbeerkerne zu entfernen.
- ☑ Geben Sie das Erdbeerpüree in den gekühlten Tee.

61. Erdbeer-Zitronen-Eistee

MACHT: 10 PORTIONEN

ZUTATEN:
- 1 Tasse frischer Zitronensaft
- 1 Tasse Erdbeeren
- 1/2 Tasse Agavensirup
- 10 Teebeutel
- 3 Tassen Mineralwasser
- Beeren für Spieße

ANWEISUNGEN:
- ☑ 10 Tassen Wasser zum Kochen bringen. Schalten Sie die Hitze aus und geben Sie es in Teebeutel.
- ☑ Lassen Sie es ziehen
- ☑ Gießen Sie den Tee in einen Krug und lassen Sie ihn abkühlen.
- ☑ Geben Sie die Erdbeeren und den Zitronensaft in einen Mixer. Gut pürieren.
- ☑ Die pürierte Mischung abseihen, um die Erdbeerkerne zu entfernen.
- ☑ Geben Sie das Erdbeerpüree in den Tee im Krug. Agavensirup und Mineralwasser unterrühren.
- ☑ Umrühren, um alles gut zu vermischen.
- ☑ Mit Fruchtspießen garnieren.

62.Erdbeer-Mandarinen-Tee

MACHT: 8 PORTIONEN

ZUTATEN:
- 1 Dose gefrorenes Limonadenkonzentrat
- 2 Tassen Erdbeeren, geschält und geschnitten
- 3 Mandarinen, geschält
- 8 schwarze Teebeutel

ANWEISUNGEN:
- ☑ Gießen Sie 8 Tassen kochendes Wasser über die Teebeutel in einen Krug.
- ☑ Lassen Sie es einige Minuten ziehen,
- ☑ Erdbeeren und Mandarine im Mixer pürieren, bis eine glatte Masse entsteht.
- ☑ Geben Sie diese pürierte Mischung in den eingeweichten Tee.
- ☑ In Limonadenkonzentrat geben und verrühren, bis alles vermischt ist.

63. Sommerlicher Orangentee

MACHT: 4 PORTIONEN

ZUTATEN:
- 1/4 Tasse getrocknete Chrysanthemen
- 3 Orangenscheiben
- 4 Tassen kochendes Wasser
- Agavendicksaft

ANWEISUNGEN:
- ☑ Chrysanthemen und Orangenscheiben in einen Keramiktopf geben.
- ☑ Mit kochendem Wasser aufgießen und mit einem Deckel abdecken.
- ☑ Fünf Minuten ziehen lassen. Agavensirup untermischen.
- ☑ Bis zum Erkalten in den Kühlschrank stellen und gekühlt oder auf Eis servieren.

64. Eistee mit Mandarine und Lavendel

MACHT: 12 PORTIONEN

ZUTATEN:
- 1 ½ Teelöffel getrockneter Lavendel
- 1 Mandarine, geschält und geschnitten
- 8 Tassen Wasser
- 8 Teebeutel
- Honig

ANWEISUNGEN:
- ☑ Wasser zum Kochen bringen.
- ☑ In Teebeutel füllen und 5 Minuten ziehen lassen; Den Tee in einen Krug abseihen.
- ☑ Geben Sie die restlichen Zutaten hinein.
- ☑ Abkühlen lassen und auf zerstoßenem Eis servieren.

65.Mandarinen-Erdbeer-Eistee

MACHT: 6 PORTIONEN

ZUTATEN:
- 1 Tasse Granatapfelsaft
- 4 Erdbeer-Kräuterteebeutel
- 6 Tassen Wasser
- 6 Mandarinen-Kräuterteebeutel
- Eiswürfel
- Erdbeeren zum Garnieren

ANWEISUNGEN:
- ☑ Gießen Sie Wasser in einen Suppentopf und bringen Sie es zum Sieden.
- ☑ In die Teebeutel geben und etwa eine halbe Stunde ruhen lassen. Teebeutel loswerden.
- ☑ Geben Sie den Tee in einen Krug.
- ☑ In den Granatapfelsaft geben und verrühren, bis alles vermischt ist.
- ☑ Süßen Sie Ihren Tee und servieren Sie ihn mit Erdbeeren garniert.

66. Limetten-Gurken-Eistee

MACHT: 8 PORTIONEN

ZUTATEN:
- 1/2 Tasse Gurke, geschnitten
- 1/4 Tasse Wildblumenhonig
- 2 Limetten
- 8 Tassen kochendes Wasser
- 5 Teebeutel

ANWEISUNGEN:
- ☑ Gießen Sie kochendes Wasser in einen Krug.
- ☑ Geben Sie die restlichen Zutaten hinein.
- ☑ Für 2 Stunden oder bis sich die Aromen entfaltet haben, in den Kühlschrank stellen.
- ☑ Gekühlt servieren.

67. Limetten-Eistee

MACHT: 10 PORTIONEN

ZUTATEN:
- 6-Unzen-Dose Limettenkonzentrat
- 1 Tasse Minzblätter, lose verpackt
- 3 Tassen kochendes Wasser
- 4 Tassen kaltes Wasser
- 4 Teebeutel

ANWEISUNGEN:
- ☑ Gießen Sie kochendes Wasser in einen Kochtopf.
- ☑ In Teebeutel und frische Minzblätter geben.
- ☑ 10 Minuten ziehen lassen.
- ☑ Befreien Sie sich von Teebeuteln und Minzblättern.
- ☑ Fügen Sie ein Süßungsmittel Ihrer Wahl hinzu.
- ☑ In 4 Tassen kaltes Wasser und Limettenkonzentrat geben.
- ☑ Auf Eiswürfeln servieren.

68. Mango-Grüntee

MACHT: 4 PORTIONEN

ZUTATEN:
- 1 Tasse Mangonektar
- 1 Tasse grüner Tee
- 1 Zweig Salbei
- Mangosplitter zum Garnieren

ANWEISUNGEN:
- ☑ Mischen Sie Tee, Salbei und Mangonektar in einem Krug.
- ☑ Auf Eis servieren, garniert mit Mangosplittern.

69.Ahorn-Himbeer-Tee

MACHT: 10 PORTIONEN

ZUTATEN:
- 1/2 Tasse Limonadenpulvermischung
- 1 Tasse frische Himbeeren
- 1 Gallone Wasser
- 2 Esslöffel Ahornsirup
- 3 Teebeutel

ANWEISUNGEN:
- ☑ Bringen Sie das Wasser in einer Pfanne zum Kochen.
- ☑ In Teebeutel und Himbeeren geben.
- ☑ Lassen Sie diese Mischung etwa fünf Minuten ziehen; Nehmen Sie die Teebeutel heraus.
- ☑ In die Ahornsirup-Limonaden-Mischung geben und gut umrühren.
- ☑ Abkühlen lassen und auf Eiswürfeln servieren.

70.Mamas Cranberry-Tee

MACHT: 12 PORTIONEN

ZUTATEN:
- 12-Unzen-Dose Cranberrysaftkonzentrat
- 1 Gallone Wasser
- 13 Teebeutel

ANWEISUNGEN:
- ☑ Wasser in einem Topf zum Kochen bringen.
- ☑ Geben Sie es in Teebeutel und lassen Sie es einige Minuten ziehen.
- ☑ Preiselbeersaft dazugeben und verrühren, bis alles vermischt ist.
- ☑ Mit Agavendicksaft süßen und gekühlt servieren.

71. Tropischer Eistee

MACHT: 12 PORTIONEN

ZUTATEN:
- 1 Tasse frischer Orangensaft
- 1 Tasse Ananas
- 1/2 Tasse Agavensirup
- 12 Tassen kochendes Wasser
- 12 Teebeutel
- 3 Tassen Zitronenlimonade

ANWEISUNGEN:
- ☑ Geben Sie kochendes Wasser und Teebeutel in eine Teekanne.
- ☑ Lassen Sie es ziehen.
- ☑ In den Kühlschrank stellen, bis es abgekühlt ist.
- ☑ Geben Sie den Ananas- und Orangensaft in Ihren Mixer.
- ☑ Pürieren, bis die Mischung gleichmäßig und glatt ist.
- ☑ Ananaspüree in den Krug geben.
- ☑ Agavensirup und Zitronenlimonade untermischen.
- ☑ Umrühren und gekühlt servieren.

72. Vanille- und Jasmintee

MACHT: 8 PORTIONEN

ZUTATEN:
- 1 Vanilleschote, der Länge nach aufschneiden
- 1/2 Tasse Orangensaft
- 1/3 Tasse Honig
- 12 grüne Jasminteebeutel
- 4 Tassen kaltes Wasser
- 4 Tassen kochendes Wasser

ANWEISUNGEN:
- ☑ Legen Sie Teebeutel und Vanilleschote für zwei bis drei Minuten in kochendes Wasser.
- ☑ Nehmen Sie die Teebeutel heraus und gießen Sie Ihren Tee in einen Krug.
- ☑ Orangensaft und Honig untermischen; rühren, bis sich der Honig aufgelöst hat.
- ☑ In 4 Tassen kaltes Wasser geben.
- ☑ Gekühlt servieren.

73. Eisgekühlter Zitrus-Sonnentee

MACHT: 4 PORTIONEN
ZUTAT
- 2½ Tasse Orangensaft
- 4 Red Zinger Teebeutel
- 4 Tassen Wasser
- 1 Limette
- 1 Zitrone
- ¼ Tasse gekühlter einfacher Sirup
- 1 Nabelorange; geschnitten

ANWEISUNGEN:
- ☑ Füllen Sie eine Eiswürfelschale mit Orangensaft und gefrieren Sie sie ohne Deckel etwa 4 Stunden lang, bis sie fest ist.
- ☑ In einem Krug Teebeutel und Wasser vermischen und den Tee 4 Stunden ziehen lassen.
- ☑ Entfernen Sie die Teebeutel und kühlen Sie den Tee zugedeckt 30 Minuten lang ab, bis er kalt ist.
- ☑ Die Hälfte der Zitrone und Limette in Scheiben schneiden und die restlichen Hälften in den Tee drücken.
- ☑ Servieren Sie den Tee mit Orangensaft-Eiswürfeln in hohen Gläsern.

74. Ingwer-Ananas-Eistee

MACHT: 4 PORTIONEN

ZUTATEN:
- 1 Tasse ungesüßter Ananassaft
- 2 Esslöffel Limettensaft
- 3 Esslöffel frischer Ingwer, gehackt
- 3 Esslöffel Honig
- 4 Tassen Wasser
- 4 Teebeutel

ANWEISUNGEN:
- ☑ In einer Pfanne Wasser zum Kochen bringen.
- ☑ Schalten Sie die Heizung aus.
- ☑ In die Teebeutel geben und 5 Minuten ziehen lassen.
- ☑ entsorgen Sie Ihre Teebeutel; Die restlichen Zutaten hineingeben.
- ☑ Vor dem Servieren einige Stunden kalt stellen.

75.Hibiskus- und Granatapfeltee

MACHT: 8 PORTIONEN

ZUTATEN:
- 1 Tasse Granatapfelnektar
- 1/4 Tasse loser Hibiskustee
- 4 Tassen kochendes Wasser
- 4 Tassen kaltes Wasser
- Orangenspalten zum Garnieren

ANWEISUNGEN:
- ☑ Hibiskustee etwa fünf Minuten in kochendem Wasser ziehen lassen.
- ☑ Den Tee abseihen und in einen Krug gießen.
- ☑ Granatapfelnektar und kaltes Wasser untermischen.
- ☑ Bis zum Abkühlen in den Kühlschrank stellen.
- ☑ Auf Eis servieren und mit Orangenschnitzen garnieren.

76.Jasmintee mit Mandelmilch

MACHT: 8 PORTIONEN

ZUTATEN:
- 8 Jasminteebeutel
- Limettenscheiben zum Garnieren
- 1/4 Tasse Honig
- 1/4 Tasse Sahne
- 1/4 Tasse ungesüßte Mandelmilch

ANWEISUNGEN:
- ☑ Bringen Sie 6 Tassen Wasser zum Kochen und geben Sie es in die Teebeutel.
- ☑ Schalten Sie den Herd aus und lassen Sie den Tee etwa fünf Minuten ziehen.
- ☑ In Honig, Sahne und Mandelmilch geben.
- ☑ Mit Limettenscheiben garnieren.
- ☑ Servieren Sie den Tee auf zerstoßenem Eis.

77.Rucola-Minz-Eistee

MACHT: 1 Portion

ZUTATEN:
- 1 Esslöffel Agavensirup
- 1 Esslöffel frischer Limettensaft
- 1/2 Tasse aufgebrühter grüner Tee, gekühlt
- 4 Baby-Rucola-Blätter
- 6 Minzblätter

ANWEISUNGEN:
- ☑ In einem Glas Limettensaft mit Rucolablättern, Minzblättern und Agavensirup vermischen.
- ☑ Gießen Sie einen gekühlten Tee hinein.
- ☑ Umrühren und gekühlt servieren.

78.Cayenne-Tee

MACHT:1

ZUTATEN:
- 1/8 Teelöffel Cayennepfefferpulver
- 1 Esslöffel frischer Zitronensaft
- 1 Teelöffel roher Honig
- 1 Tasse abgekochtes Wasser

ANWEISUNGEN:
- ☑ Geben Sie das Cayennepfefferpulver in einen Becher.
- ☑ Gießen Sie das Wasser darüber. Sofort umrühren
- ☑ Zitronensaft und Honig hinzufügen. Nochmals umrühren, um alles zu vermischen
- ☑ Abkühlen lassen und dann trinken.

79.Malaysischer Tee

MACHT: 8 PORTIONEN

ZUTATEN:
- 8 Tassen kochendes Wasser
- 4 Beutel grüner Tee oder
- 8 Teelöffel Lose grüne Teeblätter
- ½ Teelöffel Zimt
- ¼ Teelöffel gemahlener Kardamom
- 2 Esslöffel Zucker

ANWEISUNGEN:
- ☑ Alle Zutaten in eine Teekanne geben und 2 Minuten ziehen lassen.
- ☑ Allein oder mit Mandelblättchen servieren.

80.Zimt-Butterscotch-Tee

MACHT: 1 PORTION

ZUTATEN:
- 1 Tasse heißer Tee
- 2 Butterscotch-Bonbons
- 1 Esslöffel Honig
- ½ Teelöffel Zitronensaft
- 1 Zimtstange

ANWEISUNGEN:
- ☑ Rühren Sie, bis die Bonbons schmelzen, oder entfernen Sie alle verbleibenden Stücke vor dem Trinken

81.Orangen-Muskat-Tee

MACHT: 1 PORTION

ZUTATEN:
- 1 Tasse Instant-Teepulver
- 1 Tasse Zucker
- 0,15 Unzen Getränkemischung mit Orangengeschmack
- 1 Teelöffel gemahlene Muskatnuss

ANWEISUNGEN:
☑ Alle Zutaten in einer Schüssel vermischen; rühren, bis alles gut vermischt ist.

82.Saigon-Tee

MACHT: 4 PORTIONEN

ZUTATEN:
- 2 Esslöffel Tee
- 4 Tassen kochendes Wasser
- Zitronenscheiben
- 12 ganze Nelken
- 12 Gewürzbeeren
- 2 Zoll lange Zimtstange

ANWEISUNGEN:
- ☑ Geben Sie den Tee in eine erhitzte Kanne. Wasser hinzufügen.
- ☑ Nelken, Piment und Zimt hinzufügen; 5 Minuten ziehen lassen.
- ☑ Durch ein Sieb auf Eis in hohe Gläser gießen.
- ☑ Mit Zitrone garnieren.

83.Masala-Tee

MACHT: 8 PORTIONEN

ZUTATEN:
- 6 Tassen – kaltes Wasser
- ⅓ Tasse Milch
- 3" Stange Zimt
- 6 grüne Kardamoms, ganz
- 4 Nelken, ganz
- 12 schwarze Pfefferkörner
- 12 Teelöffel Zucker
- 9 Teebeutel Orangen-Pekoe

ANWEISUNGEN:
- ☑ Wasser und Milch in einem Topf vermischen und zum Kochen bringen.
- ☑ Gewürze und Zucker hinzufügen.
- ☑ Zum Mischen umrühren und die Hitze ausschalten.
- ☑ Decken Sie die Pfanne ab und lassen Sie die Gewürze 10 Minuten einweichen.
- ☑ Geben Sie die Teeblätter oder Teebeutel hinzu und bringen Sie das Wasser zum zweiten Mal zum Kochen.
- ☑ Hitze reduzieren und zugedeckt 5 Minuten köcheln lassen.
- ☑ Den Tee in eine warme Teekanne abseihen und sofort servieren.

84. Russischer Tee

MACHT: 6 PORTIONEN

ZUTATEN:
- 2 Tassen Tang
- ¾ Tasse Einfacher Instant-Tee
- 1 Tasse Zucker
- 1 Teelöffel Zimt
- 3 Unzen Country Time Limonadenmischung
- ½ Teelöffel Nelken
- ½ Teelöffel Piment

ANWEISUNGEN:
- ☑ Alles vermischen.
- ☑ Verwenden Sie 2 gehäufte Teelöffel pro Teetasse heißem Wasser.

85. Chai Kurdi

MACHT: 4 PORTIONEN

ZUTATEN:
- 1 Esslöffel indische Teeblätter
- 1 Zimt; Stock
- Wasser, kochend
- Zuckerwürfel

ANWEISUNGEN:
- ☑ Geben Sie den Tee und den Zimt in eine Teekanne und gießen Sie das kochende Wasser hinein.
- ☑ 5 Minuten ziehen lassen.
- ☑ Heiß mit Zuckerwürfeln servieren.

86.Zimt-Birnen-Eistee

MACHT: 6 PORTIONEN

ZUTATEN:
- ½ Tasse ungesüßter Birnensaft
- 1 Zimtstange
- 1 Esslöffel Zitronensaft
- 2½ Esslöffel Agavennektar
- 2 Esslöffel frischer Ingwer, gehackt
- 6 schwarze Teebeutel
- 6 Tassen Wasser

ANWEISUNGEN:
- ☑ In einer Pfanne Wasser zum Kochen bringen.
- ☑ Schalten Sie den Herd aus und geben Sie die Zimtstange und die Teebeutel hinein.
- ☑ Lassen Sie es fünf bis sieben Minuten ziehen.
- ☑ Entfernen Sie die Teebeutel und legen Sie sie in die restlichen Zutaten.
- ☑ Vor dem Servieren 2 Stunden kalt stellen.

87. Nelken- und Muskatnuss-Orangen-Tee

MACHT: 20 PORTIONEN

ZUTATEN:
- 1 Teelöffel gemahlene Nelken
- 1/4 Tasse Getränkemischung mit Orangengeschmack
- 1/4 Tasse Instant-Teepulver mit Zitronengeschmack
- 1/4 Teelöffel gemahlene Muskatnuss

ANWEISUNGEN:
- ☑ Alle Zutaten vermischen.
- ☑ Gehen Sie zu einem Krug
- ☑ Gießen Sie kochendes Wasser darüber.
- ☑ Heiß oder gekühlt servieren!

88. Kokos-Chia-Samen-Spritzer

MACHT: 2

ZUTATEN
- 1 Tasse Kokos-Chia-Tee
- 1 Tasse Mineralwasser
- 4 Tropfen Stevia

ANWEISUNGEN:
- ☑ Geben Sie Ihren gekühlten, aufgebrühten Tee in ein Einmachglas.
- ☑ Mineralwasser und Stevia hinzufügen.
- ☑ In ein mit Eis gefülltes Glas gießen.

89. Dillsamentee

MACHT: 1 PORTION

ZUTATEN
- 1 Teelöffel Dillsamen
- 1 Tasse kochendes Wasser
- Honig

ANWEISUNGEN:
☑ Geben Sie Dillsamen in eine Teekugel oder geben Sie sie einfach in einen Topf und gießen Sie kochendes Wasser darüber.
☑ Lassen Sie es einige Minuten ziehen.
☑ Honig hinzufügen.

90.Koriandersamen-Tee

MACHT: 1 PORTION

ZUTATEN
- ½ Teelöffel Koriandersamen
- 1 Esslöffel frischer Koriander
- 1 Tasse Wasser
- 1 Teelöffel loser Hagebuttentee
- 1 Esslöffel Cranberry-Saft-Cocktail

ANWEISUNGEN:
- ☑ Koriander zerdrücken und in ein 2-Tassen-Glas geben.
- ☑ Koriander und Tee hinzufügen; beiseite legen.
- ☑ Bringen Sie Wasser zum Sieden; Gießen Sie das heiße Wasser über die Teemischung.
- ☑ Koriander an den Seiten des Messglases zerdrücken.
- ☑ Zugedeckt 10 Minuten ziehen lassen.
- ☑ Tee abseihen; Saft hinzufügen und servieren.

91. Heißer Lotustee

MACHT: 6 PORTIONEN

ZUTATEN
- 4 Tassen Wasser
- ½ Teelöffel Backpulver
- 1 Pfund Lotussamen
- 5 Tassen Wasser
- 1 Tasse Zucker
- 2 Eier

ANWEISUNGEN:
- ☑ Bringen Sie Wasser zum Sieden; Backpulver untermischen.
- ☑ Gießen Sie das heiße Wasser über die Lotussamen und lassen Sie es 8 Minuten lang ziehen.
- ☑ Lotussamen mit den Fingern reiben, um sie zu schälen; abspülen und abtropfen lassen.
- ☑ Restliches Wasser zum Kochen bringen; Dann den Zucker unterrühren, bis er sich auflöst.
- ☑ Lotussamen hinzufügen und zugedeckt 1 Stunde köcheln lassen.
- ☑ Eier verquirlen und unter die Masse mischen.
- ☑ Heiß servieren.

92. Lavendel- und Fenchelsamentee

MACHT: 2

ZUTATEN
- 1 Tasse Wasser
- ½ Teelöffel Lavendelknospen
- ein paar getrocknete Rosenblätter
- 10-12 Minzblätter
- ½ Teelöffel Fenchelsamen

ANWEISUNGEN:
- ☑ Erhitzen Sie das Wasser in einem Wasserkocher oder einer Pfanne, bis es zu kochen beginnt.
- ☑ Lavendelknospen, Rosenblätter, Fenchelsamen und Minzblätter in eine Kaffeepresse geben.
- ☑ Fügen Sie das heiße Wasser hinzu.
- ☑ Lassen Sie die Mischung 4 Minuten ziehen.
- ☑ Drücken Sie den Kolben nach unten.
- ☑ Servieren Sie den Tee in einer Tasse.

93. Fenchelsamen-Karminativ-Tee

MACHT: 1

ZUTATEN
- 1 Tasse Wasser
- 1 Esslöffel Fenchelsamen

ANWEISUNGEN:
- ☑ Wasser und Fenchelsamen zum Kochen bringen.
- ☑ Lassen Sie es 15 Minuten ruhen.

94.Kamillen- und Kümmel-Engelwurz-Tee

MACHT: 2

ZUTATEN
- 1 Unze Kamille
- 2/3 Unzen Pfefferminze
- 1 Unze Kümmel
- 2/3 Unzen Angelika

ANWEISUNGEN:
☑ Die Mischung 10 Minuten lang in 1 Tasse heißem Wasser einweichen und abseihen.

95. Koriandersamen-Hagebuttentee

MACHT: 1 PORTION

ZUTATEN:
- ½ Teelöffel Koriandersamen
- 1 Esslöffel frischer Koriander
- 1 Tasse Wasser
- 1 Beutel Hagebuttentee
- 1 Esslöffel Cranberry-Saft-Cocktail

ANWEISUNGEN:
- ☑ Koriander zerdrücken und in ein 2-Tassen-Glas geben.
- ☑ Koriander und Tee hinzufügen; beiseite legen.
- ☑ Bringen Sie Wasser zum Sieden; Gießen Sie das heiße Wasser über die Teemischung.
- ☑ Koriander an den Seiten des Glasmaßes zerdrücken; 10 Minuten ziehen lassen.
- ☑ Tee abseihen; Saft hinzufügen und servieren.

96.Anissamen-Gewürz-Relief

MACHT: 2

ZUTATEN:
- 1 Teelöffel Anissamen, zerstoßen
- 2 Zimtstangen
- 1 Zoll Ingwer, in Scheiben geschnitten
- Honig
- 2 Teelöffel getrocknetes loses Echinacea

ANWEISUNGEN:
- ☑ Gewürze und Echinacea in einem Topf mit drei Tassen Wasser vermischen.
- ☑ Zum Kochen bringen und dann 18 Minuten köcheln lassen.
- ☑ In eine Tasse abseihen und Honig hinzufügen.

97.Tee mit Kokosmilch

MACHT: 4 PORTIONEN

ZUTATEN:
- 1/4 Teelöffel geriebene Muskatnuss
- 3/4 Tasse vollfette Kokosmilch, aufgeschäumt
- 4 Tassen kochendes Wasser
- 4 Teebeutel
- Ahornsirup

ANWEISUNGEN:
- Geben Sie 1 Teebeutel in jede Tasse. Gießen Sie kochendes Wasser über Ihren Teebeutel.
- Lassen Sie es etwa fünf Minuten ziehen.
- Abkühlen lassen.
- Ahornsirup untermischen.
- Den Tee mit aufgeschäumter Milch übergießen.
- Mit geriebener Muskatnuss beträufeln.

98. Heilender Zitronen-Minz-Tee

MACHT: 6 PORTIONEN
ZUTATEN:
- 1½ Tasse kochendes Wasser
- 3 Teelöffel Instanttee
- 6 Zweige Minze
- 1 Tasse kochendes Wasser
- 1 Tasse Zucker
- ½ Tasse Zitronensaft

ANWEISUNGEN:
- ☑ Kombinieren Sie 1 ½ Tassen kochendes Wasser, Instanttee und Minze.
- ☑ Zugedeckt 15 Minuten ziehen lassen.
- ☑ Kombinieren Sie 1 Tasse kochendes Wasser, Zucker und Zitronensaft.
- ☑ Mischen Sie die zweite Mischung mit der Minzmischung, nachdem Sie sie abgeseiht haben.
- ☑ 4 Tassen kaltes Wasser hinzufügen.

99.Zitrus-Sonnentee

MACHT: 4 PORTIONEN
ZUTATEN:
- 4 Esslöffel schwarzer Tee
- Minzblätter; für garnieren
- 3 Esslöffel Kristallzucker
- 6 Zoll Minzzweige
- 4 Tassen kaltes Wasser
- Saft von 1 Zitrone
- 2 Tassen frischer Orangensaft
- 1 Orange

ANWEISUNGEN:
- ☑ Kombinieren Sie Tee, Wasser, Zucker und Minzzweig in einem Glasbehälter.
- ☑ Schütteln und 3 Stunden ziehen lassen.
- ☑ Den Orangensaft und den Zitronensaft unter die Teemischung rühren.
- ☑ Die Mischung abseihen und die Orangenstücke hinzufügen.
- ☑ Abkühlen lassen und dann mit Orangenscheiben und Minze garniert servieren.

100. Epazote-Tee

MACHT: 1 PORTION

ZUTAT
- 2 Liter kochendes Wasser
- 8 Stängel und Blätter von frischem Epazote

ANWEISUNGEN:
- ☑ Epazote in kochendes Wasser geben.
- ☑ 2 Minuten köcheln lassen.
- ☑ Aufschlag.

ABSCHLUSS

Zusammenfassend lässt sich sagen, dass Heiltees eine wunderbare Möglichkeit sind, das allgemeine Wohlbefinden zu verbessern und gleichzeitig köstliche und gesunde Getränke zu genießen. Bei der großen Auswahl an Teesorten, von denen jeder seine eigenen einzigartigen Eigenschaften und Geschmacksrichtungen aufweist, ist für jeden etwas dabei. Egal, ob Sie schwarzen Tee, grünen Tee, weißen Tee, Kräutertee oder Heiltee bevorzugen, Sie können diese Heiltees mit einfachen Zutaten ganz einfach zu Hause zubereiten. Probieren Sie also einige dieser Rezepte aus und sehen Sie, wie sie Ihrer Gesundheit und Ihrem Wohlbefinden zugute kommen können.

www.ingramcontent.com/pod-product-compliance
Lightning Source LLC
Chambersburg PA
CBHW050356120526
44590CB00015B/1712